ALBUM COMMÉMORATIF

publié sous le patronage de

SA MAJESTÉ LA REINE MARIE-AMÉLIE DE PORTUGAL

Recueilli par Mme Juliette ADAM

A VASCO DA GAMA

1498

Hommage de la Pensée française

1898

GUILLARD, AILLAUD & Cie, ÉDITEURS

96, boul. Montparnasse — 242, rua Aurea, 1º

PARIS — LISBOA

VASCO DA GAMA

AU

MOIS D'AVRIL MDCCCXCVIII,

RÉUNIS

DANS UNE COMMUNE PENSÉE DE RESPECT ET DE SYMPATHIE

POUR LA GRANDE FIGURE

DE

VASCO DA GAMA

DES AMIRAUX,

PEINTRES, ÉCRIVAINS ET MUSICIENS FRANÇAIS

ONT DÉSIRÉ

S'ASSOCIER, PAR LA PUBLICATION DE CET ALBUM, A L'HOMMAGE QUE REND LE PORTUGAL A L'IMMORTEL NAVIGATEUR, EN CÉLÉBRANT LE 4me CENTENAIRE DE LA DÉCOUVERTE DE LA ROUTE MARITIME DES INDES

MADAME JULIETTE ADAM.
M. PAUL ADAM.
M. LÉON BONNAT.
M. PAUL BOURGET.
MADEMOISELLE LOUISE BRESLAU.
M. JULES CHÉRET.
M. FRANÇOIS COPPÉE.
MADAME SIMONE ARNAUD.
M. LE VICE-AMIRAL BESNARD.
M. PAULIN BORD.
M. BOURGAULT-DUCOUDRAY.
M. ALF. BRUNEAU.
M. G. CORNELIUS. M. CH. COTTET.
M. LE VICE-AMIRAL DE CUVERVILLE.
M. DAGNAN-BOUVERET. M. LÉON DAUDET. M. E. DETAILLE. M. TH. DUBOIS. M. CAROLUS DURAN.
M. MAURICE ÉLIOT. M. LE VICE-AMIRAL FOURNIER. M. DE LA GANDARÁ. M. LE VICE-AMIRAL GERVAIS.
M. J.-J. HENNER. MADEMOISELLE AUGUSTA HOLMÈS.
M. J.-P. LAURENS. M. LEROLLE.
M. G. MARCEL. M. HENRI MARTIN.
M. CAMILLE MAUCLAIR.
M. ROBERT DE MONTESQUIOU.
M. PUVIS DE CHAVANNES.
M. LE CONTRE-AMIRAL REVEILLÈRE.
M. VINCENT D'INDY. M. G. JEANNIOT.
M. PIERRE LOTI. M. STÉPHANE MALLARMÉ.
M. MASSENET. M. F. MISTRAL.
M. ARMAND POINT.
M. J.-F. RAFFAËLLI.
M. C. SAINT-SAËNS.
M. SULLY-PRUDHOMME.

GUILLARD,
AILLAUD & Cie,
ÉDITEURS

96, boul. Montparnasse — PARIS
242, rua Aurea, 1° — LISBOA

1898

ALBUM COMMÉMORATIF

publié sous le patronage de

SA MAJESTÉ LA REINE MARIE-AMÉLIE DE PORTUGAL

Recueilli par Mme Juliette ADAM

A

VASCO DA GAMA

1498

Hommage de la Pensée française

1898

GUILLARD, AILLAUD & Cie, ÉDITEURS

96, boul. Montparnasse — PARIS

242, rua Aurea, 1° — LISBOA

PORTRAIT DE VASCO DA GAMA

CONSERVÉ DANS LA FAMILLE DES COMTES DA VIDIGUEIRA, DESCENDANTS DU GRAND NAVIGATEUR

VASCO DA GAMA

et

la découverte de la route des Indes

APRÈS la découverte de l'Amérique, il n'est pas, dans l'histoire, d'événement plus important que l'arrivée de Vasco da Gama dans l'Inde.

Il ne faut donc pas s'étonner que la France ait tenu à commémorer un fait qui allait bouleverser les relations économiques de l'Europe et de l'Orient, qui allait nous révéler des religions, des peuples, des mœurs dont nous n'avions que les idées les plus incomplètes, les plus erronées ou dont nous ne soupçonnions même pas l'existence. C'est tout un continent, l'Asie, sur lequel nous n'avions que des relations presque fabuleuses, dont nous ignorions l'histoire et les arts, c'est le berceau de l'humanité, c'est la patrie de tous ces peuples qui avaient si longtemps ravagé l'Europe, ce sont ces civilisations étranges dont quelques-unes n'étaient encore qu'entrevues à travers les auteurs grecs, c'est un interminable chapitre de l'histoire de l'humanité qui allait nous être révélé.

Depuis longtemps ils cherchaient la route de ces pays féeriques, les Portugais, enthousiasmés par les étranges récits de Benjamin de Tudèle, de Guillaume de Rubrouck, de Marco Polo, d'Ibn Batutah et de tant d'autres voyageurs !

« Mille récits, dit Michelet, enflammaient la curiosité, la valeur et l'avarice ; on voulait voir ces merveilleuses contrées où la nature avait prodigué les monstres, où elle avait semé l'or à la surface de la terre. »

Établi à la pointe des Algarves d'où ses regards embrassaient l'immensité de l'Océan et semblaient y chercher quelque terre nouvelle, l'infant dom Henrique de Viseu avait communiqué à ses contemporains son amour des expéditions aventureuses, son appétit de découvertes.

C'est grâce à ses encouragements et à ses leçons, que les Portugais avaient enfin doublé ce cap Bojador qui les avait si longtemps arrêtés. Gil Eannes, Ant. Gonçalves et Nuno Tristão Cadamosto, Diogo Cão, Bartholomeu Dias s'étaient avancés par étapes successives vers ce cap des Tempêtes que Dias doubla sans s'en apercevoir et après lequel il remonta la côte orientale d'Afrique jusqu'au rio Infante.

Dias semblait prévoir les événements, lorsqu'il fut forcé par ses équipages de reprendre la route de l'Europe. Quand il se sépara, dit Barros, du pilier, du *padrão* qu'il avait élevé en ce lieu, ce fut avec un tel sentiment d'amertume, une telle douleur, qu'on eût dit qu'il laissait un fils à jamais exilé.

En effet, Dias ne reçut pas, à son retour, la récompense que méritait son hardi et heureux voyage, et, suprême injustice, lorsque fut organisée l'expédition qui devait tirer parti de la découverte qu'il avait faite, ce fut un autre qui en reçut le commandement, alors que lui-même n'était employé qu'en sous-ordre.

Que s'était-il passé pendant les neuf années qui séparent l'expédition de Bartholomeu Dias de celle de Vasco da Gama ? Pourquoi le roi de Portugal attendit-il si longtemps avant de tirer profit de la découverte du premier de ces navigateurs ?

C'est que D. João II ne voulait pas se lancer à l'aventure, c'est qu'avant de tenter, par le sud de l'Afrique, la route de l'Inde, il faisait reconnaître, par l'isthme de Suez, celle de la mer Rouge et de l'Océan Indien.

Deux gentilshommes, Covilhã et Païva, étaient partis au mois de mai 1487 pour l'Égypte. Païva s'enfonça dans les pays qualifiés d'Ethiopie à la recherche de ce fameux prêtre João qui régnait, disait-on, en Afrique sur une contrée merveilleusement riche. Pendant ce temps, Covilhã mettant à profit les renseignements qu'il avait recueillis sur la provenance des marchandises qui, d'Égypte, passaient par Venise pour se répandre dans l'Europe entière, prit la route de l'Inde, visita Cananor, Calicut, Goa et amassa, sans éveiller la défiance des Hindous, les informations les plus précises sur le commerce et les productions des pays voisins.

Il fit plus encore, il gagna, sur la côte orientale d'Afrique, Sofala dont les mines d'or étaient depuis longtemps connues, grâce aux Arabes, Mozambique et, dans le fond du golfe d'Aden, Zeila, l'*Avalites portus* des anciens, qui faisait avec l'Arabie un commerce de café, d'esclaves, d'ivoire et de plumes d'autruche des plus importants. Il remonta même à Ormuz, à l'entrée du golfe Persique, puis il revint au Caire où il rencontra deux juifs que D. João II y avait envoyés et leur remit avec ses notes et ses itinéraires, une carte d'Afrique qu'un musulman lui avait donnée.

Un des hommes qui ont étudié de près les explorations portugaises, Ferdinand Denis, appréciait ainsi les résultats obtenus par Covilhã : « En fournissant sur la possibilité de la circumnavigation de l'Afrique des renseignements précis, en indiquant la route de l'Inde, en donnant sur le commerce de ces contrées les notions les plus positives et les plus étendues, en faisant surtout la description des mines d'or de Sofala, qui dut exciter la cupidité portugaise, Covilhã contribua puissamment à activer l'expédition de Gama. »

Fils d'un seigneur qui occupait à la cour de D. João II une importante situation, Vasco da Gama, dont la date de naissance (1469), doit être vraisemblablement reculée de quelques années, avait servi dans la marine sur les côtes d'Afrique lorsqu'il reçut, en 1497, le commandement de quatre bâtiments : le *Sam Gabriel* de 120 tonneaux, le *Sam Rafael* de 100 tonneaux dont le commandement fut confié à son frère Paulo, le *Berrio* de 50 tonneaux aux ordres de Nicolau Coelho; enfin une grande barque chargée d'approvisionnements et de marchandises d'échange avait pour capitaine Pero Nunes. La direction générale de la route était remise à Pero de Alemquer, le pilote de Bartholomeu Dias.

Au milieu d'un immense concours de population, des bénédictions du clergé, aux accents des hymnes sacrés, aux acclamations d'un peuple qui comprenait tout l'héroïsme de ses marins qui allaient affronter tant de mers nouvelles et de si effrayants périls, les bâtiments de Gama quittent le Restello et le Tage le 8 juillet.

Spectacle vraiment imposant que Camões a peint de traits inoubliables dans le quatrième chant de ses *Lusiades !*

Jusqu'à la baie Sainte-Hélène, le voyage se poursuivit sans incident notable; là les Portugais eurent affaire aux hideux Boschis, là fut blessé Gama en leur arrachant Fernão Velloso. Le 19 novembre, le cap de Bonne-Espérance fut doublé avec vent en poupe et, pour la seconde fois, les navires des Portugais foulèrent ces mers inconnues qui allaient être si longtemps le théâtre de leurs exploits.

A la baie Sam-Braz, au rio Infante, terme de la navigation de Bartholomeu Dias, on s'arrête pour prendre quelques vivres frais et le 25 décembre on découvre la terre de Natal. Un peu plus loin, on rencontre deux musulmans et un jeune homme qui disait avoir déjà vu des bâtiments grands comme ceux des Portugais, aussi le cours d'eau où s'était produite cette rencontre reçut-il le nom de rivière des bons indices (rio dos bons signaes). On approchait donc de la terre promise !

Le 10 mars, les bâtiments s'arrêtèrent à Mozambique où Gama rencontra des marchands arabes qui faisaient commerce avec l'Inde. Le vice-roi fit d'abord aux Portugais un cordial accueil, mais bientôt celui-ci, retourné par les marchands Maures qui flairaient dans les nouveaux arrivants des concurrents redoutables, essaya de les prendre par trahison; le sang coula et Gama dut menacer de réduire la ville en cendres pour pouvoir continuer le voyage.

Le 8 avril, on découvrit Mombaça lorsque, dit Camões, des Néréides conduites par Vénus, protectrice des Portugais, empêchèrent les navires d'entrer dans le port où tout se préparait secrètement pour les anéantir.

A Melinde, toute différente fut la réception : franc et généreux, le roi fournit aux Portugais tout ce qui leur était nécessaire et leur donna un habile pilote guzarate, qui devait les guider jusqu'à Calicut. Grande fut assurément la confiance de Gama en se remettant, lui, ses équipages et la fortune du Portugal, entre les mains d'un pilote inconnu fourni par un souverain qui pouvait être un traître !

Vingt-trois jours d'une navigation facile amenèrent les bâtiments sur la côte de l'Inde et le 18 mai 1498, ils mouillaient à deux lieues au-dessous de Calicut.

Dire que la joie fut grande ne serait pas assez. Tous se voyaient au bout de leurs traverses et de leurs fatigues; ces fabuleux trésors qu'ils étaient venus chercher de si loin, il semblait aux Portugais qu'ils n'avaient qu'à tendre la main pour s'en emparer. Il n'en était rien cependant, car il leur fallut lutter avec la dernière énergie contre les commerçants maures et arabes qui faisaient la prospérité de Calicut. C'est grâce à l'inlassable patience, au sang-froid et à la vigueur de Gama que les Portugais obtinrent la permission de débarquer leurs marchandises et d'établir un comptoir à Calicut. Plusieurs fois, il fallut repousser l'attaque de flottilles armées, car la population de la côte toute entière, excitée par les Arabes, avait pris parti contre les Portugais.

Le retour fut pénible. On ne mit pas moins de trois mois pour atteindre la côte d'Afrique, et pendant ce temps les équipages avaient été violemment attaqués du scorbut et trente matelots avaient péri. Magadoxo, où Gama ne voulut pas s'arrêter, Melinde où l'on reçut avec un accueil cordial des vivres frais dont on avait le plus grand besoin, la baie Sam-Braz furent les escales de retour sur la côte orientale d'Afrique; on doubla le cap de Bonne-Espérance sans accident et le retour à Lisbonne, qui eut lieu dans les premiers jours de septembre, se serait heureusement accompli si Paulo da Gama, frère du commandant en chef, ne fût mort avant d'atteindre Terceira.

L'accueil fait à Vasco da Gama par la population fut enthousiaste, triomphal et des fêtes magnifiques lui furent données ainsi qu'à ses lieutenants. Des cent-soixante Portugais partis avec l'amiral, cinquante-cinq seulement revenaient avec lui. Perte douloureuse assurément, mais combien grands étaient les résultats obtenus ! La route était aujourd'hui connue, frayée et l'on ne se laisserait plus émouvoir par l'annonce de périls imaginaires. Le plus fort était fait; les rêves d'or devenaient une réalité que le roi D. Manuel escomptait d'avance en ajoutant à ses titres celui de seigneur de la conquête et de la navigation de l'Ethiopie, de l'Arabie, de la Perse et des Indes. Quant au marin intrépide qui venait d'ouvrir au commerce de sa patrie une nouvelle voie, qui allait lui procurer une incalculable moisson de lauriers par la conquête d'une partie de l'Asie et de l'Océanie, il dut attendre deux ans son titre d'amiral des Indes, retard que le roi lui fit oublier en l'autorisant à joindre à son nom la particule *dom* alors si rarement octroyée, en le gratifiant d'une somme de deux mille écus d'or, et en lui conférant sur le commerce de l'Inde certains privilèges qui ne devaient pas tarder à l'enrichir.

Cette voie si audacieusement ouverte par Vasco da Gama fut immédiatement suivie par Alvares Cabral, à qui l'on doit la découverte du Brésil, et João da Nova, qui reconnut Sainte-Hélène. Tous deux eurent à lutter énergiquement contre les Maures qui comprenaient que le commerce des Indes allait leur échapper. La situation fut bientôt si tendue que Gama fut une seconde fois envoyé dans l'Inde avec mission d'imposer aux Hindous le commerce qu'ils refusaient de faire avec les Portugais, et de créer des forteresses qui fussent non seulement en état de résister aux attaques des mécontents, mais encore de servir de bases pour imposer d'une façon durable la domination du Portugal à ces nations qui s'y montraient si résolument réfractaires.

A la tête d'une flotte de dix vaisseaux, Gama agit avec une vigueur et une décision qu'on a taxées de cruauté, mais qui lui semblaient nécessaires pour briser par la terreur toute résistance. Les habitants de Calicut, au mépris des traités, avaient massacré les Portugais surpris dans leur factorerie. Gama résolut d'en tirer vengeance et pendant trois jours canonna la ville qu'il détruisit en grande partie. Pensant que la leçon serait salutaire, Vasco da Gama visita ensuite Cochim, dont le souverain s'était montré fidèle, et reprit la route d'Europe après avoir détruit ou dispersé une nouvelle flotte malabare.

Il ne semble pas que les services prestigieux qu'avait rendus le héros qui, après avoir découvert la route de l'Inde, venait d'y fonder les bases de l'empire colonial portugais, aient été appréciés comme ils le méritaient. Si le titre de comte da Vidigueira lui fut accordé, on resta vingt et un ans sans l'employer. Et c'est seulement en 1524 que Vasco da Gama reçut le titre de vice-roi de l'Inde, en même temps que le roi D. João III le chargeait d'une nouvelle mission dans les régions qu'il avait le premier atteintes, qu'il avait contribué à conquérir et qu'il s'agissait maintenant d'organiser. Parti de Lisbonne le 9 avril, Gama mourait trois mois et vingt jours après avoir atteint le siège de son gouvernement. Inhumé à Cochim, son corps fut ramené en Europe en 1538 et inhumé dans la petite église de Nossa Senhora das Reliquias da Vidigueira. Après tant de vicissitudes et de voyages, Gama, le grand argonaute, comme disait l'inscription de son tombeau, ne reposa pas en paix, son cercueil fut violé en 1840 et se trouve aujourd'hui avec celui de Camões, qui a chanté ses exploits, dans l'église des Jeronymos.

Avec le temps, la gloire de Vasco da Gama, loin de se ternir, brille, s'il est possible, d'un éclat plus vif encore. Ce n'est pas sa patrie, à qui il a ouvert les portes de l'Inde, à qui il a préparé une longue ère de fortune, de prospérité et de gloire, à qui il a permis d'écrire quelques pages inoubliables dans l'histoire de la civilisation, ce n'est pas le Portugal seulement qui revendique cette épique figure, c'est l'humanité tout entière qui tient à célébrer le héros qui rapprocha de la jeune Europe, l'Asie, patrie des plus antiques empires.

L'hommage que nous rendons aujourd'hui à Vasco da Gama ne s'adresse pas à lui seulement ; par dessus la tête du héros légendaire, il vise plus haut, droit au Portugal, à ce vaillant et fier petit peuple qui sut conquérir un si vaste empire et montra aux savants étonnés que la terre était plus grande qu'ils ne croyaient. Ce lui sera un éternel honneur d'avoir su conserver intact le souvenir de ses grands hommes ; ce culte sera fécond, nous n'en doutons pas, et s'il profite des exemples et des leçons que lui ont laissés des hommes tels que Vasco da Gama, Albuquerque, João de Castro et Athayde, nous verrons refleurir les antiques lauriers et renaître la prospérité des anciens jours !

Gabriel MARCEL.

Croix d'Asiz : Inscription arabe gravée sur un canon pris à Diu (Indes) en 1539 ; le fac-similé de la signature du roi D. Manuel est dessiné sur la muraille.

Dessin de M. HENRY LEROLLE

Paris, le 28 septembre 1897.

Madame,

A l'occasion du quatrième centenaire de la découverte de la route des Indes, vous avez bien voulu me faire l'honneur de me demander quelques lignes sur Vasco da Gama.

Pour déférer à votre désir, j'ai essayé de traduire, dans la phrase suivante, le sentiment que m'inspire l'œuvre de cet illustre navigateur :

« La grandeur des nations se mesure moins à l'étendue de leur territoire qu'aux services qu'elles rendent à la cause générale de l'humanité. »

« En ouvrant à l'Europe la route des Indes, Vasco da Gama a élargi le champ de la civilisation et assigné pour toujours au Portugal, sa Patrie, une place glorieuse dans l'histoire du Monde ».

Veuillez agréer, Madame, l'hommage de mes sentiments les plus respectueux.

Le vice-amiral, ministre de la marine,
J. Besnard.

Paris, le 6 octobre 1897.

Madame,

Très honoré de la demande que vous avez bien voulu m'adresser, je me sens cependant fort mal préparé à y répondre.

Permettez-moi donc d'exprimer simplement l'admiration profonde dont je suis pénétré en mon cœur de marin, pour un héros comme Vasco da Gama assez hardi pour, avec les faibles moyens dont il disposait, s'enfoncer dans l'inconnu, à la conquête de la route des Indes, assez énergique et habile pour y réussir.

Quelque chose de plus qu'humain était en lui certainement et sa gloire si haute n'appartient pas seulement au pays qui l'a vu naître, elle est du patrimoine de l'humanité.

Veuillez agréer, Madame, avec tous mes remerciements pour vos sympathiques félicitations, l'hommage du plus profond respect de votre dévoué serviteur.

Vice-amiral Gervais.

LES GRANDES NAVIGATIONS DU XVe SIÈCLE

CHRISTOPHE COLOMB — VASCO DA GAMA

Après la découverte du Nouveau-Monde par Christophe Colomb, l'histoire n'offre pas d'événement plus mémorable que la découverte de la route maritime des Indes par Vasco da Gama. Si l'on réfléchit à l'impulsion que ces deux grands faits ont imprimée au monde, — à l'influence qu'ils ont exercée sur le domaine intellectuel et matériel de l'homme, — on est amené à leur assigner, dans les Annales de l'humanité, une place prépondérante.

L'art de la navigation était encore dans l'enfance; les marins ne perdaient guère les côtes de vue et la haute mer leur inspirait l'effroi de l'inconnu. Avec de faibles ressources, des moyens de direction bien imparfaits, deux hommes à l'âme fortement trempée obtinrent de prodigieux résultats; ils étonnèrent leur siècle par leur intrépidité et ils le remuèrent profondément en déchirant le voile qui avait caché l'immensité du globe.

« L'historien impartial, écrit M. Henry Harrisse, n'hésite pas à reconnaître que la foi catholique eut une grande part dans la conception et dans l'exécution de la mémorable entreprise de Christophe Colomb. » Oui, l'extension du règne du Christ, — les ressources à recueillir en vue de la délivrance des Lieux-Saints dont ne se désintéressait pas alors la chrétienté, — tels furent, entre tous, les principaux mobiles qui poussèrent Colomb à braver tous les obstacles pour donner à l'Evangile un continent nouveau. Cette grande mémoire attend encore l'heure de la réparation.

L'année 1460, à laquelle quelques historiens font remonter la naissance de Vasco da Gama, vit disparaître un prince accompli auquel le Portugal doit l'éclat de ses découvertes maritimes.

Henrique, dit le Navigateur, fils du roi D. João I, était né à Porto le 4 mars 1394. Sa devise, *talent de bien faire*, caractérise sa vie. Intelligence ouverte et hardie; volonté forte; persévérance indomptable ne se laissant détourner du but par aucun insuccès; vie chaste; ardent amour du Christ; — tel fut le prince qui, né sur les marches d'un trône, n'eut d'autre ambition que de servir Dieu et sa patrie. Il s'était fait construire à Sagres, dans les Algarves, sur une hauteur pittoresque d'où la vue domine au loin la mer, un palais approprié à l'étude de la cosmographie. « Dans la paix de la solitude, ce noble esprit s'adonnait, dit l'historien, aux mathématiques, à l'astronomie, — composait une bibliothèque nautique, — se procurait les copies des voyages dont on avait ouï parler, — faisait traduire des manuscrits arabes, — attirait à lui les hommes experts dans les choses de la marine et transformait sa royale demeure en un véritable *institut naval* ». — Sous son égide, Lisbonne était devenue le centre des progrès maritimes; là se trouvaient réunis les plus habiles constructeurs de navires, les pilotes les plus capables, les ouvrages d'astronomie, les meilleures mappemondes et les cartes marines les plus exactes. L'usage de l'*Astrolabe* se généralisait et, grâce à des moyens d'observation moins imparfaits, la *Navigation hauturière* (par les astres), en n'astreignant plus les navigateurs à suivre le littoral, ouvrait un vaste champ à leurs investigations.

Les voyages de Marco Polo, au XIIIe siècle, avaient fait connaître l'*Extrême-Orient* et ses richesses. S'avançant vers l'Est par l'intérieur de l'Asie dont il fut le premier géographe, le célèbre Vénitien avait parcouru l'Inde, la Chine, les îles du Japon. Les Républiques italiennes étaient en possession des routes commerciales de la Méditerranée; le principal objet des entreprises maritimes des Portugais fut la découverte d'un passage aux Indes par l'Océan. L'initiative du prince Henrique

Dessin de M. GEORGES JEANNIOT

les conduisit à explorer successivement toute la côte occidentale d'Afrique (1) avec les îles qui l'avoisinent; si sa mort ralentit l'impulsion que son génie avait imprimée aux découvertes, Lisbonne n'en demeura pas moins le foyer maritime de toutes les entreprises. On sait que Christophe Colomb y résida longtemps, occupé à des travaux de cartographie et de transcription que la typographie, alors à l'état d'enfance, n'avait point encore transformés; à vrai dire, l'histoire du grand *découvreur* commence là.

Au mois d'août 1486, trois navires appareillaient sous les ordres de Bartholomeu Dias pour contourner l'Afrique par le Sud; une mission confiée à deux explorateurs hardis, Pedro de Covilhã et Affonso de Païva, quittait Lisbonne l'année suivante, ayant pour objectif l'Abyssinie et l'Inde. Passant par Alexandrie, le Caire et Aden, Covilhã s'avança jusqu'à Calicut et Goa, ouvrant ainsi à ses compatriotes la navigation de l'Océan Indien. Revenu au Caire, il y apprit la mort de Païva et se dirigea vers l'Abyssinie en faisant parvenir au roi D. João II (1490) des informations qui établissaient la possibilité d'atteindre Sofala et l'île de la Lune (Madagascar) en contournant l'Afrique méridionale. Le roi avait fait choix de Vasco da Gama pour exécuter cette grande entreprise; les instructions nécessaires étaient rédigées, lorsque D. João II mourut (25 octobre 1495).

Dias, revenu en décembre 1487, avait reconnu la pointe méridionale de l'Afrique, le fameux *Cabo tormentoso*, le *Cap des tempêtes*, que le roi, confiant dans l'avenir, avait dénommé *Cap de Bonne-Espérance*. Arrêté par les mauvais temps, par les souffrances et les plaintes de ses équipages, il n'avait pu dépasser l'île de Santa-Cruz, dans la baie d'Algoa. — Par suite des difficultés intérieures du royaume et de la maladie du souverain, dix années s'écoulèrent avant la reprise d'une tentative qui devait assurer au Portugal la voie maritime des Indes. On raconte que le roi D. Manuel, successeur de D. João II, se trouvait un soir à l'une des croisées de son palais, méditant sur la possibilité de réaliser les grands projets de son prédécesseur, lorsque Vasco da Gama vint à passer sous ses yeux; se rappelant le legs du passé et faisant trêve à ses incertitudes, le monarque résolut de confier l'expédition des Indes à ce marin expérimenté.

Le voyage à jamais mémorable, dont nous rappelons le quatrième centenaire, commença le 8 juillet 1497. A la tête d'une flottille de quatre bâtiments, armés avec une grande prévoyance, mais dont le plus grand n'excédait pas 120 tonnes, Gama partit du Restello, petit ermitage construit par ordre du prince Henrique à une lieue en aval de Lisbonne; des religieux de l'ordre du Christ, dont le prince était grand-maître, assuraient là aux partants les secours de leur ministère; le roi D. Manuel, qui avait succédé à son oncle comme grand-maître de l'ordre, y construisit en 1507 le magnifique temple de Belem, en mémoire de l'heureux retour du grand navigateur.

Nous n'entreprendrons point de refaire ici l'historique d'une expédition dont les détails sont devenus classiques. La science professionnelle du chef, son énergie, sa froide intrépidité et sa diplomatie intelligente triomphèrent de tous les obstacles et de toutes les embûches. Après avoir touché aux îles du Cap Vert, la flottille jetait l'ancre dans la baie de Sainte-Hélène sur la côte ouest d'Afrique, à petite distance au Nord du Cap de Bonne-Espérance; le 22 novembre elle doublait le cap si redouté et, passant devant le *Rio do Infante* où s'était arrêtée l'exploration de Dias, elle longeait à petite distance la côte de Sofala, — visitait Mozambique et Melinde; — poussée par la mousson S.-O., elle franchissait en 23 jours l'Océan Indien et atteignait Calicut le 18 mai 1498. Après avoir assuré la supériorité de ses armes et posé les jalons de relations commerciales, Gama reprenait la route du Portugal; il repassait le Cap de Bonne-Espérance le 20 mars 1499, et sa flottille, réduite de moitié, mouillait devant Lisbonne au commencement de septembre, saluée par les acclamations de tout un peuple. Il avait perdu son frère, plus de la moitié de ses équipages, mais il rapportait la solution, si ardemment souhaitée, d'un problème depuis longtemps posé; la route maritime des Indes était ouverte et le Portugal allait atteindre l'apogée de sa fortune. Le roi D. Manuel reçut le grand navigateur avec des honneurs exceptionnels; il le créa *Amiral des Indes*, lui conféra le titre si recherché de « Dom » et, par ses ordres, des réjouissances publiques eurent lieu dans les principales villes du royaume. Pour assurer

1. Nous ne pouvons passer ici sous silence que dès le commencement du XIVe siècle, les Normands, et particulièrement les Dieppois, avaient reconnu et fréquenté la côte d'Afrique, du Sénégal au Bénin. V. A. DE C.

les résultats des découvertes, une flotte de treize navires, confiée à Alvares Cabral, partit, sur les conseils de Gama, dans le but de fonder des comptoirs sur les côtes de Mozambique et du Malabar. Ce fut au cours de ce voyage, traversé par de nombreuses épreuves, que Cabral ayant prolongé sa navigation vers l'Ouest afin de doubler plus aisément le Cap de Bonne-Espérance, découvrit la côte du Brésil dont Vincent Yanez Pinzon, l'un des anciens compagnons de Colomb, venait de reconnaître, quelques mois auparavant, la partie septentrionale.

Les établissements fondés sur la côte du Malabar ayant eu à souffrir de l'hostilité des indigènes excités par les Maures qui détenaient jusque-là le commerce, Vasco da Gama reprenait, le 20 février 1502, la route des Indes avec une flotte de vingt navires. Le 1er septembre 1503, il était de retour, après avoir fondé de nouveaux établissements, châtié le roi de Calicut, soumis le roi de Quiloa et conclu diverses alliances, notamment avec le roi de Cananor, l'un des plus importants de cette côte; il s'était avancé jusqu'à Cochim et avait su se faire un allié du radjah de ce pays.

Après cette deuxième expédition, si rapidement accomplie, l'illustre marin devait rester vingt ans dans l'inaction. Un jour vint où les affaires de l'Inde, qui avaient été successivement confiées à cinq vice-rois, furent gravement compromises par suite d'une série d'événements malheureux. Le roi D. João III, successeur de D. Manuel, fit appel au patriotisme du *délaissé*. Créé comte da Vidigueira et nommé vice-roi des Indes, Dom Vasco da Gama quittait Lisbonne pour la troisième fois en avril 1524, conduisant une flotte de cinq caravelles et de quatorze grands navires, portant trois mille soldats; il emmenait avec lui ses deux fils Estevam et Paulo da Gama qui, tous deux, suivirent les traces de leur père. Gama ne devait pas revoir sa patrie; il mourut à Cochim après une courte maladie, le 25 décembre 1524, peu de temps après son arrivée. En 1538, sa dépouille mortelle fut transférée en Portugal et conduite avec de grands honneurs dans la petite église de *Nossa Senhora das Reliquias* à Vidigueira. Sur la pierre tombale qui recouvrait sa sépulture, on lisait cette inscription :

AQUI JAZ O GRANDE ARGONAUTA D. VASCO DA GAMA
PRIMEIRO CONDE DA VIDIGUEIRA
ALMIRANTE DAS INDIAS ORIENTAES
E SEU FAMOSO DESCOBRIDOR

Le Portugal était l'un des plus petits royaumes de l'Europe : grâce à ses hardis navigateurs protégés et soutenus par des princes éclairés, il fut pendant longtemps l'un des plus considérables par l'étendue de son commerce et par ses richesses.

« *L'art puissant* qui de l'homme a doublé la patrie » fut l'origine de sa prospérité. *Le trident de Neptune*, dit le poète, *est le sceptre du monde;* mais, de même que l'homme ne vit pas seulement de pain, de même les nations ne prospèrent pas seulement par l'or qu'elles amassent; elles progressent ou elles déclinent, selon qu'elles coopèrent plus ou moins fidèlement à l'exécution du plan divin.

Crec'h Bleiz 29 octobre 1897

Vice amiral de Cuverville

Padrão (pierre commémorative) placée par les Portugais au Cap Noir (Afrique) en 1485, en signe de prise de possession.

Dessin de M. CHARLES COTTET

A Madame J. ADAM.

Chère Madame,

Vous avez bien voulu me demander quelques lignes sur Vasco da Gama, à l'occasion du quatrième centenaire que le Portugal se prépare à célébrer avec pompe, en l'honneur d'un de ses héros les plus populaires.

Il ne pouvait entrer dans ma pensée de rééditer, dans un cadre trop restreint, une biographie du conquérant légendaire qui tient une si large place dans les annales de son pays. Une énumération des conquêtes de Vasco da Gama, si complète qu'elle fût, ne suffirait pas d'ailleurs à expliquer l'admiration que l'illustre portugais excite chez les autres peuples. Il m'a paru plus intéressant de dire quels furent les fruits de ses conquêtes, pourquoi elles donnèrent à sa patrie tant de grandeur et de prospérité, en y fécondant toutes les branches de l'activité humaine, et d'expliquer pourquoi ce héros mérite de fixer, aujourd'hui surtout, l'admiration universelle.

Vasco da Gama ne fut pas seulement un de ces rudes aventuriers dont l'histoire a tracé quelques portraits épiques; il fit preuve des qualités dominantes de l'administrateur, c'est-à-dire de l'homme d'État, dans toutes les sphères où rayonna son initiative audacieuse et éclairée.

Il fut le précurseur de la politique d'expansion maritime et coloniale qui entraîne aujourd'hui toutes les nations au-delà de leurs frontières trop étroites pour le développement de leurs progrès. Mais, s'il poussa son pays à ouvrir l'ère des conquètes d'outre-mer, il eut, dans son patriotisme éclairé, l'intuition géniale que le rayonnement extérieur d'une nation n'est durable et productif qu'à la condition d'entretenir, en retour, les sources mêmes auxquelles il s'alimente dans la métropole.

C'est pour avoir laissé tarir, dans la suite, ces sources d'abondance, que le Portugal perdit tout le fruit des conquêtes de Vasco da Gama, et de ses émules Dias, Cabral, d'Albuquerque, etc..., comme l'Espagne et la Hollande, depuis, sous l'empire des mêmes causes.

Mais cette ombre que l'histoire jette, dans sa rigueur impitoyable, sur le passé du Portugal, ne contribue-t-elle pas à rehausser davantage la grande figure de Vasco da Gama, en donnant un relief plus puissant à ses traits vigoureux et un éclat plus vif à sa mémoire?

Cependant, il faut le dire, cette gloire si pure de Vasco da Gama est inséparable de celle de son souverain, le roi Dom Manuel, digne successeur de D. João II, l'âme de toutes les entreprises qui portèrent la puissance du Portugal à son apogée.

Ce fut ce prince éclairé dont le prestige royal et les encouragements enfantèrent les hardis aventuriers et les marins audacieux qui portèrent le pavillon portugais sur toutes les mers jusqu'aux régions les plus reculées du globe. Ce souverain contribua, en outre, pour une large part, au succès de ces expéditions lointaines, dont il prépara l'organisation avec des soins minutieux et ses ressources personnelles. De plus, il sut en tirer profit, en employant les richesses provenant des contrées où sa flotte portait ses armes victorieuses et son commerce, à développer, à l'intérieur de son pays, les industries nationales les plus propres à accroître la fortune publique. Enfin, il créa une marine puissante, qui fut, à cette époque, le principal élément de la grandeur croissante du Portugal.

On ne sait vraiment qu'admirer le plus, dans l'histoire de ce siècle, de la hardiesse de ces navigateurs aventureux, bravant, à la conquête de nouveaux horizons, les mystérieuses et mouvantes solitudes des océans inexplorés, ou du génie prévoyant et organisateur de ces rois portugais, tour à tour guerriers et tutélaires, protégeant les arts et l'industrie, organisant la justice et l'administration, entre deux victoires, pendant qu'ils suscitaient autour d'eux des héros pour l'exécution de leurs vastes desseins.

L'exemple de cette union féconde des souverains et de leurs sujets, dans leurs efforts pour la grandeur de la patrie commune, est vraiment réconfortant. Et, qui ne se sentirait ému devant le tableau touchant de ce départ pour les Indes, où le peuple et les princes mêlaient, sur la rive du Restello, leurs chants, leurs adieux et leurs larmes, alors que les voiles des vaisseaux en partance, gonflées par un vent favorable, entraînaient vers le large Vasco da Gama et la fortune du Portugal!

Toute l'histoire des Portugais au xve siècle n'est donc, à vrai dire, au point de vue philosophique, que la genèse de cette politique d'expansion maritime et coloniale, vers laquelle s'orientent aujourd'hui toutes les nations. C'est à ce titre qu'elle revêt, à notre époque, un caractère d'intérêt général.

Les exemples du Portugal, de l'Espagne et de la Hollande montrent, il est vrai, les écueils de cette politique; mais celui de l'Angleterre n'est-il pas de nature à expliquer, par ses succès, l'ardeur avec laquelle la France, l'Allemagne, la Russie, l'Italie, les États-Unis d'Amérique, le Japon..... rivalisent d'efforts et de sacrifices pour étendre le champ de leur rayonnement maritime et commercial et multiplier ses centres d'outre-mer?

L'empire britannique est en effet, jusqu'ici, la seule puissance qui ait su tirer un profit durable de ses conquêtes coloniales, chacune d'elles ayant contribué à développer, dans la métropole, à un degré toujours croissant, l'activité commerciale et industrielle, la richesse publique, la puissance maritime, l'esprit d'entreprise, et les ressources inépuisables d'une diplomatie, aussi constante dans ses desseins, que fertile en expédients pour les réaliser.

C'est donc le Portugal, au xve siècle, et l'Angleterre, à notre époque, qui nous offrent, comme deux termes extrêmes, les exemples les plus saisissants de la puissance que peut donner à une nation le développement méthodique et progressif de ses ressources, de son génie national et des ressorts de son activité, par leur rayonnement extérieur.

A ce point de vue, Vasco da Gama, les hommes d'État et les souverains de son époque, sont les précurseurs du grand mouvement auquel l'Angleterre a dû sa fortune toujours croissante et qui entraîne aujourd'hui, avec une force irrésistible, toutes les nations en dehors de leurs orbites séculaires, vers de nouvelles et mystérieuses destinées.

Si donc, les pays qui cèdent maintenant à l'impulsion initiale donnée par les Portugais, il y a quatre siècles déjà, à l'essor extérieur des peuples, veulent rendre un juste hommage à leur vaillant précurseur, c'est un cortège de toutes les nations du monde que le Portugal aura, cette année, pour admirateur, au centenaire de Vasco da Gama.

Puisse ce tribut de louanges et le souvenir de tant de gloire raviver ses espérances dans ses jours d'épreuve, et soutenir sa fierté nationale!

Brest, le 23 janvier 1898. Vice-Amiral E. Fournier.

V. Al. Fournier

Canon se chargeant par la culasse, trouvé par les Navigateurs Portugais en 1490

Esquisse de M. J.-P. LAURENS

VASCO DA GAMA

Du haut de son trône pontifical, Alexandre VI partagea le monde : il donna la terre, à l'Occident du méridien de l'île de Fer, à l'Espagne, et la terre d'Orient au Portugal.

Le Pape consacrait ainsi l'œuvre de ces deux géants qui, les premiers, firent rendre à la boussole et l'astrolabe ce qu'ils pouvaient vraiment donner — car l'humanité marque ses étapes en mettant un instrument nouveau au service d'un puissant génie.

Colomb apportait un nouveau monde à l'Espagne. Vasco da Gama offrait au Portugal le plus vieux monde : monde aussi neuf en somme, aussi plein de surprises, car il n'était entrevu qu'en rêve, tout étincelant de pierreries, aveuglant de soleil. Vasco visitait, sur sa route, l'Orient du continent noir, occupé dans le sud par les Cafres sauvages, plus au nord par les farouches enfants du Prophète — dans un lointain passé, des flottes tyriennes, les vaisseaux de la reine de Saba, avaient fréquenté ces contrées étranges, riches d'or, d'étoffes chatoyantes et de parfums. Là, depuis une antiquité reculée, sur l'aile des moussons s'accomplissaient de merveilleux voyages vers la mystérieuse Taprobane, célèbre par son ivoire, ses perles, ses tigres et ses bayadères.

Armé d'un cercle gradué et d'une frêle aiguille, entre ses mains instrument magique, Vasco da Gama ouvre à l'Europe la route au pays de l'aurore.

Étonnant contraste entre l'immensité de l'entreprise et la pauvreté des moyens, avec cent hommes et quatre mauvaises barques, Vasco se lance dans une entreprise autrement vaste et hasardeuse que les conquêtes d'Alexandre et de César.

On pourrait, à la rigueur, rayer du passé les conquérants des Gaules et de l'Asie; le monde actuel ne se comprendrait pas sans Colomb et Vasco da Gama.

Il y a quatre cents ans, en 1497, le hardi Portugais bravait le courroux du monstrueux Adamastor, dont Camões n'a pas surfait les colères; mais la mer tremblait devant le héros.

Explorer des mers inconnues, c'est marcher les yeux bandés entre des abîmes, sans compter les fureurs spontanées de la grande sournoise et les trahisons des hommes — car il faut bien toucher terre pour se ravitailler et trop souvent alors se vérifie le vieil adage : *Homo homini, lupus*. Le chef doit allier la prudence la plus consommée à la plus intrépide audace; enfin, par son prestige seul, il doit maîtriser et posséder ses hommes, car, dans ces longs et lointains isolements, la vulgaire discipline est d'un piètre secours.

A Mombaça, il faillit être victime de la perfidie des Maures. Après une réception charmante — comme tant d'autres marins explorateurs — il dut payer son eau avec du sang.

Dans l'antique Melinde, prospère alors, maintenant ruinée, il rencontre bon visage et un pilote habile pour traverser la mer d'Oman.

Abordant à Calicut, dont l'industrie émigrée devait enrichir l'Angleterre, il retrouve la duplicité des Maures — il perd plusieurs de ses compagnons.

Pénible fut le retour, car il faut lutter contre ces vents terribles qui, du moins à l'aller, vous poussent vers le but — et le Titan qui veille à la pointe africaine s'exaspère contre ceux qui, une première fois, ont échappé à ses colères.

Il revint avec une plus forte escadre et fit régner souverainement le drapeau Portugais dans l'Océan Indien; puis, comme tous les précurseurs, il connut l'ingratitude. Enfin, après vingt ans d'oubli, il mourut en pleine gloire dans le vaste empire dont il avait doté son pays.

Nous divisons la marche de la civilisation en quatre grandes périodes :

I. Période fluviale (civilisations égyptienne, gangétique et chinoise);
II. Période Méditerranéenne (Tyr et Carthage);
III. Période Atlantique, présidée par Colomb;
IV. Période Océanique ou universelle, inaugurée par Vasco da Gama.

L'humanité doit aux grands navigateurs une spéciale reconnaissance — ils ont transformé l'océan, qui parquait les races, en grandes routes qui les unissent, et personne plus qu'eux n'a travaillé à l'œuvre suprême, l'unité humaine — ils ont rapproché les hommes, ils ont révélé l'humanité à elle-même, et parmi ses révélateurs nul ne fut plus grand que Vasco da Gama.

C. A^{al} Réveillère

Contre-amiral Réveillère.

Une Nuit à Lisbonne
Hylas — Danse des Nymphes
Allegretto con grazia
molto leggiero
etc

Un acteur de drame
Dessin de M. J.-J. RAFFAËLLI

Au Pourtugau

I

Bèu pichot pople, que te siés encarna
Dins un eissam d'eros e dins un grand pouèto,
Vers ti remèmbre s'encuei acantouna
Lau que lou vièi marin que sounjo dins sa bèto,

II

Encuei mai tiras davans lou vermenié
Di pourpulos nouvèu que brutalous te grèujon,
Dins li calanco de la Lusitanié
Ounte lis ivernado en long printèms s'abrèujon,

III

Bèu pichot pople, de ti bras nervious
Longo mai lanço-te sus l'ancro d'esperanço:
As proun de glòri, pantai meravihous,
Pèr espera sèns fin li jour de recoubranço.

IV

Un bèl acordi, trancio à toun jardin
E cuei li poumo d'or que dintre ié roussejon,
E di prouèsso de ti rèi paladin
abarisse li fièu, qu'auvin raço racejon.

V

Bèu pichot pople, toun Vasco de Gama,
Sus l'aubre de la Crous desfourrelant si vèlo,
Is encountrado mounte an pèr-dièu, Brahma
T'avié pesca lis Indo emé si caravello.

VI

Mai courre... l'oundo tout a soun remoulin
E la semo, qu'enchau! a segui lou regounfle...
ourgueious fugues e regardo cilalin :
Ai lou cours dóu soulèu pèr toun arc-de-triounfle

VII

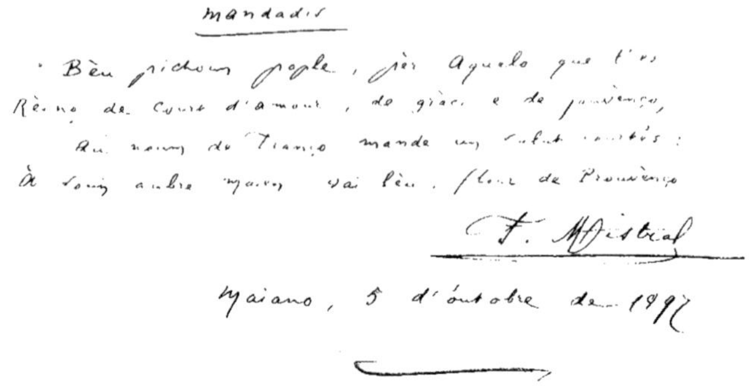
Mandadis

Bèu pichoun pople, pèr Aquelo que t'es
Rèino de Court d'amour, de gràci e de jouvènço,
Au noum de Franço mande un salut courtés :
A soun aubre maien vai lèu, flour de Prouvènço

F. Mistral

Maiano, 5 d'outobre de 1897

AU POURTUGAU

I

Bèu pichot pople, que te siés encarna
Dins un eissam d'eros e dins un grand pouèto.
Vers ti remèmbre s'encuei acantouna
Tau que lou vièi marin que sounjo dins sa bèto.

II

Encuei mau-trases davans lou vermenié
Di poupulas nouvèu que brutelous te grèujon,
Dins li calanco de ta Lusitanié
Ounte lis ivernado en long printèms s'abrèujon.

III

Bèu pichot pople, de ti bras nervious
Longo-mai tanco-te sus l'ancro d'esperanço :
As proun de glori, pantai meravihous,
Pèr espera sèns fin li jour de recoubranço.

IV

En bèl acordi travaio à toun jardin
E cuei li poumo d'or que dintre ié roussojon,
E di prouesso de ti rèi paladin
Abarisse ti fiéu, qu'ansin raço racejon.

V

Bèu pichot pople, toun Vasco de Gama,
Sus l'aubre de la Crous desfourrelant si vèlo,
Is encountrado mounte an pèr diéu Brahma
T'avié pesca lis Indo emé si caravello.

VI

Mai coume l'oundo tout a soun remoulin
E la semo, qu'enchau! a segui lou regounfle...
Ourgueious fugues e regardo eilalin :
As lou cours dou soulèu per toun arc-de-triounfle.

VII

MANDADIS

Bèu pichoun pople, pèr Aquelo que t'es
Rèino de Court d'Amour, de gràci e de jouvènço,
Au noum de Franço mande un salut courtés :
A soun Aubre maien vai lèu, flour de Prouvènço.

F. MISTRAL.

Maiano, 5 d'outobre de 1897.

AU PORTUGAL

I

Beau petit peuple, qui t'es incarné dans un essaim de héros et dans un grand poète, si vers tes souvenirs aujourd'hui rencogné, tel que le vieux marin qui songe en sa nacelle,

II

Tu souffres aujourd'hui devant la fourmilière des gros peuples nouveaux qui, sordides, te grugent, dans les « calanques » de ta Lusitanie où les hivers en longs printemps s'abrègent,

III

Beau petit peuple, de tes bras nerveux à jamais tiens-toi ferme sur l'ancre d'espérance : tu as assez de gloire merveilleux rêve, pour attendre sans fin les jours de recouvrance.

IV

En belle union travaille à ton jardin; cueille les pommes d'or qui y blondissent; et des prouesses de tes rois paladins, nourris tes fils : les races font les races.

V

Beau petit peuple, ton Vasco de Gama, sur l'arbre de la Croix déferlant ses voilures, dans les parages qui ont pour dieu Brahma, t'avait pêché les Indes avec ses caravelles.

VI

Mais, comme l'onde, tout a son remous; la mer étale a suivi le flot, qu'importe! Sois orgueilleux et regarde au lointain : tu as le cours du soleil pour ton arc-de-triomphe.

VII

ENVOI

Beau petit peuple, pour celle qui t'est reine de cour d'amour, de grâce et de jeunesse, au nom de France j'envoie un salut courtois : à son arbre de mai, va tôt, fleur de Provence.

Dessin de M. EUGÈNE CARRIÈRE

A Vasco de Gama

pour le quatrième centenaire de sa découverte

Le Croissant formidable envahissait les eaux
Qui reliaient l'Europe à l'officine antique,
Au sol fumant de l'Inde, avant que l'Atlantique
En eût ouvert la route aux plus hardis vaisseaux.

Ces chasseurs de la mer y lançaient leurs réseaux
Captant l'île, cernant le cap, fouillant la crique,
Mais nul n'avait ravi sa ceinture à l'Afrique,
Barrière énorme, longue à lasser les oiseaux.

Enfin ta caravelle en osa l'aventure !
L'onde a rongé la nef, mais le sillage dure,
Ta gloire aussi ! Le temps vient de la rajeunir.

Ton fier pays nous doit sa première oriflamme ;
La France outre l'honneur a donc le droit d'unir
Son salut à la voix du peuple qui t'acclame !

Sully Prudhomme

Bien que j'y sois allé maintes fois, je le connais à peine, ce noble pays de Portugal, sur lequel on me prie d'écrire ici quelques lignes ; les hasards de mon métier de marin ne m'y ont conduit jamais qu'en passant, pour y faire escale. Pendant mes premières années de navigation, il représentait pour moi comme le seuil des belles contrées de lumière et de ciel bleu, quand on partait de quelqu'un de nos ports de l'Océan et que l'on s'arrêtait à l'entrée du Tage avant de continuer la route vers les Tropiques.

Et la première apparition que j'en ai eue, de ce Portugal, m'est restée pour toujours dans la mémoire.

C'était il y a bien longtemps, en hiver, à un lever de soleil. J'avais quitté depuis quarante-huit heures la côte bretonne, très froide et embrumée, et, ce matin là, j'étais de quart au lever du jour.

À la pointe de l'aube, la terre se dessina dans l'Est : des collines, plutôt que des montagnes, rien de très grandiose ; une côte d'une silhouette quelconque, — mais d'une couleur rare et merveilleuse. Pour mes yeux, qui n'avaient eu le temps de s'habituer encore aux grandes magies du monde, le spectacle du matin sur ce rivage était un enchantement nouveau. Dans un ciel d'une limpidité inconnue, des séries de petites nuées roses demeuraient en suspens, et là dessous, aussi rose que les petites nuées fines et longues, mais avec des contours plus nets, des arêtes plus vives, se déployait le pays de Portugal, qui, de si loin, nous envoyait déjà sur la mer la senteur de ses orangers....

Depuis, j'y suis revenu cent fois, par tous les temps, sous tous les

Pastel de M. CAROLUS DURAN

aspects du ciel ; mais cette première image s'est gravée si bien dans mon souvenir, que les noms de Lisbonne et du Tage, à eux seuls, éveillent pour moi tout de suite ces idées de splendeur matinale, d'atmosphère étrangement pure et de suave odeur des bois...

P. Loti

Paris 20 sept. /97.

Fier et heureux de votre désir je m'empresse de vous envoyer les mesures extraites d'Esclarmonde..... un vaisseau à l'horizon !... Roland .. ou Vasco !.. —

de toute admiration

Massenet

Lent.

Esclarmonde

un navi-re paraît !...

Parseïs

un navi-re paraît !...

et lui même en-traî-né monte sur le vaisseau do-ci-le !..

réduction de l'orchestre p. piano

Il vient !...

Esclarmonde

acte 1er

Massenet

SANGUINE DE M. ARMAND POINT

Voyageurs.

—

Une mer d'huile, un ciel étoilé. Pas un souffle.

Deux passagers, cigare aux dents, sont sur le roufle
Du steamer qui, poussé d'un furieux élan,
Par cette nuit d'azur, fait route pour Ceylan.
Il dessert, en un mois, l'Inde et les mers de Chine.
C'est un hôtel flottant, à la double machine,
De lampes Edison partout illuminé,
Où les deux "glob-trotter" tout à l'heure ont dîné,
Les laquais en frac noir leur changeant les assiettes.
Mais ils sont mécontents du pâté de mauviettes,
Trop lourd, et du Pomard qu'ils n'ont pas trouvé bon.
Puis que de temps perdu pour faire du charbon,
Aux escales! Quel long, quel ennuyeux voyage!
Le paquebot, traçant un énorme sillage,
Se hâte et, sous l'effort, est fébrile et tremblant.
Toujours les deux fumeurs se plaignent.

— Que c'est lent.
Dit l'un, sportsman fameux et "fusil" redoutable,
Grosse bête vivant pour chasser son semblable.
J'ai grand peur, après tant de retards et d'arrêts,
De ne pas arriver, le quinze, à Bénarès,
Où je suis attendu pour une chasse au tigre.

— Oui, l'on croirait que c'est pour toujours qu'on émigre,
Répond l'autre, un marchand très riche. Si l'on va
De ce train, s'il vous plaît, quand serai-je à Java,
Où m'appelle, monsieur, une petite affaire
Qui ne peut pourtant pas souffrir qu'on la diffère?...
Mon cigare est éteint... Un peu de feu... Merci...
Et notez bien que, dans six semaines d'ici,

Il me faut, pour rentrer, prendre l'express à Brindes.

. . . .

. . . .

O Vasco de Gama, qui découvris les Indes,
Je songe à toi. Combien de nuits, combien de jours
Fallut-il donc à tes navires lents et lourds
Pour suivre, par deux fois, leur route aventurière ?
Je te vois, amiral, sur ton château d'arrière,
Ayant doublé le Cap des Tourments, devant
Le mystère liquide et l'infini mouvant
Où tu sens un danger de mort sous chaque lame
Et qui pourtant, héros, est moins grand que ton âme.
Tu regardes l'abîme et tu n'as pas d'effroi.
— Le Cap au Nord ! — Pour ton pays et pour ton Roi,
Sonde en main, profitant des moindres vents propices,
Tu cherches à tâtons le chemin des Épices.
— Droit au Nord ! — Mais entends la tempête hurler.
Conquérant, cette mer, que tu veux violer,
Oppose à ton effort sa colère de vierge.
Tantôt le vaisseau plonge et tantôt il émerge
De la houle en fureur qui l'assaille et le mord.
Mais tu ne cèdes pas. — Au Nord ! le Cap au Nord !

L'orage se dissipe enfin. — Le calme est pire.
Une orange qu'on a jetée hors du navire
Sur le stagnant miroir est là, huit jours après.
La voile en plis pesants pend le long des agrès.
Tous crachent sur le pont de hideuses salives,
Tant le scorbut cruel leur ronge les gencives.
À la côte ! Il le faut. Mais, là, nouveaux périls ;
Car, tandis que d'eau douce on emplit les barils,
On voit, dans les buissons, ramper des formes lentes.
L'horrible peuple noir, crocs blancs, lèvres sanglantes,
La sagaie à la main, des collines descend.
Comment faire ? On ne peut les vaincre, un contre cent,
Même avec la bombarde et ses soudains ravages.
Mais Vasco connaît l'art de dompter les sauvages ;
Il montre des présents, il voit à ses genoux
Ces nègres demi-nus, ces Maures en burnous,
Cerveaux d'enfants qu'un peu de clinquant émerveille ;

DESSIN DE M. P.-A. DAGNAN-BOUVERET

Et, libre, de nouveau, son escadre appareille.

— Au Nord-est maintenant ! — Quand verra-t-on la fin
Du long trajet ? Toujours la fatigue et la faim ;
Toujours des corps jetés par dessus le bordage.
Mais, soudain, c'est un cri poussé par l'équipage.
« Terre ! » — Les morts sont morts. Gloire à qui survient !
Car cette ville blanche au loin, c'est Calicut !
C'est l'Inde ! Cette côte où la lame déferle,
On y cueille le poivre, on y trouve la perle ;
Alexandre le Grand, seul, a vu ces Indiens ;
Mais les marins naïfs pensent qu'ils sont chrétiens,
Car Saint-Thomas, dit-on, s'enfonçant dans l'Asie,
Leur porta la parole et la foi du Messie.

Mouille ! L'ancre est tombée au fracas des canons.
L'amiral, entouré de ses deux compagnons,
Aborde, tout bardé de fer et les yeux calmes
Sans paraître surpris des monstrueuses palmes,
Des teints bronzés, des hauts palais, des éléphants,
Il va, parmi les cris de femmes et d'enfants,
Vers une église, afin d'y faire sa prière ;
Il entre, et le héros fait un pas en arrière
Voyant d'horribles dieux, mitrés d'or, aux vingt bras...

Après mille dangers, Vasco, tu reviendras.
Ton navire, dont sont usés tous les cordages,
Les mâts rompus, les flancs rongés de coquillages,
Remontera le Tage et reverra les murs
De Lisbonne et ses beaux jardins de citrons mûrs.
Oh ! quel jour, quand venant d'Orient comme un mage
Et de tes nobles mains présentant ton hommage
De perles, de parfums, de diamants et d'or,
Le cri te saluera : — Gloire au Descobridor,
Qui partit sur la mer infinie et profonde,
Conduit par son seul rêve, et qui rapporte un monde !

. . . .

. . . .

Temps fabuleux ! Pourquoi voyager maintenant ?
On peut errer dans l'un ou l'autre continent
Et s'embarquer vingt fois sur la mer bleue ou grise ;
On ne rencontrera nulle part de surprise.

Tout est cent fois décrit, tout est archi-connu,
Et partout nous attend l'ennuyeux "déjà vu".
Un enfant, dès qu'il peut feuilleter des estampes,
A fait le tour du monde à la lueur des lampes;
Homme, il le referait sans trouver rien de plus.
Est-il un nom, dans tous les atlas de Reclus,
Qui nous fasse rêver encore et nous étonne?
Le touriste qui court l'univers monotone
Et pour qui, bien des fois, la Croix du Sud a lui,
S'il voulait être franc, avouerait son ennui.
Quand la cloche du bord sonne l'appareillage,
Il se souvient, navré, qu'à son dernier voyage,
Il songeait au retour, même avant qu'il partît.

Depuis qu'on le connaît, le monde est si petit!

François Coppée

Sanguine de M. JULES CHÉRET

Folia.

Le Vasco de Gama qui fut Prince des Indes
Et, d'entre les héros, demeure des premiers
Ayant uni, Seigneur, le peuple que tu peindes,
Leur fit tracer leurs noms sur des brins de palmiers.

Son chantre Camoëns écrit sa Lusiade.
Noble, pauvre, exilé, presque aveugle, il revient,
[illegible] — et disputant aux flots son Iliade,
Aborde couronné du poème qu'il tient.

L'un, sur les verts feuillets de feuilles végétales
Rapporte à son pays la foi des bords lointains ;
Et l'autre immortalise, heureuses ou fatales
Les heures qui flamboient en ses regards éteints.

Leur double souvenir aux cœurs se perpétue,
Auprès des flots vaincus et sous les cieux ouverts ;
Et Vasco de Gama revit dans sa statue
Là même où Camoëns a lutté pour ses vers.

Tous deux pour ces hauts faits ont mérité la gloire :
Le temps la leur dispense à l'égal de leurs droits,
Et les console, aux bras lumineux de l'Histoire,
D'avoir goûté, vivants, l'abandon de leurs rois !

Robert de Montesquiou.

N philosophe peu connu a écrit cette phrase d'un saisissant raccourci : « Tout homme est l'addition de sa race. » On pourrait dire de même : « Tout peuple est l'addition de ses morts ». Ce qu'il y a de vivant, de créateur, de fécond dans la génération actuelle, ce sont ses hérédités, ce n'est pas elle-même, et la mesure de sa valeur, ce sera ce qu'elle-même aura ajouté à ce trésor de l'énergie héréditaire, de la vertu accumulée. Voilà pourquoi l'honneur rendu aux grands hommes est une des meilleures éducations qu'un pays puisse recevoir. Il prend conscience des choses de son passé auxquelles il n'a pas le droit de toucher, et c'est le correctif à la dangereuse erreur moderne de la souveraineté du peuple. Cette souveraineté n'a aucun droit sur la bonne volonté des morts.

PAUL BOURGET

Air de Jason
(Les Argonautes. Symphonie Dramatique)
Jason
Moderato (♩ = 92)
Compagnons, — en a-vant! — En a-
vant! En — a — vant! — Vers une ter-re
sombre, La Col-chide au ciel noir, — Mé-re d'hommes cru-
els et de monstres sans nom-bre, Je vais, —

vre d'es poir. Sur la première
nef, af-fron-tant la tem-pê-te Pour la pre-
miè-re fois,
Moi, l'enfant d'Iol-cos, Je mène à la con-

Dessin de M. PUVIS DE CHAVANNES

quê — te Des hé-ros! — des hé-ros! — Des hé-
-ros et des ris! —
Etc.
Augusta Holmès
Hommage à Madame Juliette Adam,
Pour Vasco de Gama.

L'Aventure

Au long des môles où dormait le soleil
Devant les voiles des caravelles fatiguées,
Parmi l'odeur marine et les rumeurs du port,
Au long des estacades et des quais,
Ils songeaient, désœuvrés, en écoutant leur sang
Qui demandait l'Aventure, sourdement,
Et les soirs descendaient après les soirs sur leurs songes

Le corselet rouillé sous la cape trouée,
La plume de l'armet ou du feutre pendante,
L'éclair noir du regard, l'éclair blanc de l'épée
Confrontant leurs énergies inoccupées,
Ils rêvaient, pauvres, insatisfaits de la vie morne
Que le repos décrète aux âmes des soldats
Et s'asseyaient nonchalamment sur quelque borne
Quittant les dés et les verres, d'un geste las,
Regardant seulement là-bas,
Là-bas où le vin d'or des grands couchants ruisselle
Et déverse les luxes, les hasards et les espoirs.

Dessin de M. HENRI MARTIN

Tant de jours pareils aux jours, sans épopées !
L'éclair noir du regard, n'osant chercher l'épée
Engourdie comme l'âme et comme elle inutile,
Se détournait des seuils somnolents de la ville
Et contemplait la mer tenacement.

« Partir ! Là-bas on dit que la lumière est fabuleuse
Sur les palmes, l'or, les pierreries, la chair !
Il faut aller si loin que le cœur croie mourir
En voyant que la terre est plus vaste que lui,
Il faut aller si loin pour la nouvelle vie
Que la réalité soit déjà la légende
Quand ceux qui resteront l'auront connue si grande...
Partir ! L'Inde mûrit des trésors inconnus
Sous l'amoncellement des montagnes premières,
Les fêtes des désirs chantent dans les lumières,
Le songe d'Orient s'égale à l'infini,
Les printemps éternels aux printemps sont unis,
La puissance et l'amour s'étirent comme un fleuve
Attendent les dompteurs qui feront signe enfin,
Les empires des fleurs dorment dans les parfums,
Les archipels couchés contre les côtes bleues

Sourient comme la femme éveillée à demi,
Et le rêve est moins beau que ce qu'ils ont promis !
Partir, avec le vague et les oiseaux, partir !
Poursuivre dans un soir chaleureux de désirs
L'astre qui va là-bas dans un sillage d'or
Refaire avec nos nuits une nouvelle aurore ! »

Pourtant, l'exil est vaste et les voiles sont frêles.
L'usure du flot vert ronge les caravelles,
L'anneau rouillé du port les tient jalousement
Et ce n'est pas encor ce soir, décidément...

Comme ils erraient, traînant leurs ombres sur les môles,
La griffe de l'ennui pesant à leur épaule
Plus que le vieux manteau qu'un souffle n'enflait plus,
Tâtant le dernier sol glissé dans leur ceinture
Et méditant de mordre à même l'Aventure,
Soldats de la Fortune et par elle quittés,
L'un d'eux, qu'El Dorado ne cesse de hanter,
Leva soudain sur l'horizon sa lame claire,
Et le dernier rayon par elle reflété
Fit dans le crépuscule un grand trait de clarté
Qui, par-dessus les Océans, joignait deux mondes !

Sanguine de M. PAULIN BORD

Guillard, Aillaud & Cie, Paris-Lisbonne

L'âme du Portugal saisit l'âme de l'Inde,
Et les routiers hautains, devenus matelots,
Une brise de gloire émouvant leurs narines,
Dans l'enchantement bleu des aurores marines
Suivirent le chemin nouveau
Que désignait l'Épée unie à l'Orient !

Palmes hautes ! Oiseaux géants ! Pagnes, calices,
Chanson mystérieuse, odeur lilée, clarté !
Chair de bronze et prunelles d'or, immense Été,
Fêtes au milieu des mers, jardins de volupté,
Empires, dômes blancs, dieux sous l'azur, merveilles !
Délires du Tropique aux nuits folles et bleues,
Promontoires en fleurs entrevus dans les veilles,
Orient, Orient pressant toutes tes treilles
Dans l'âme fiévreuse et pauvre des chercheurs !...
Ceux qui restaient, songeurs, sur les grèves natales,
Dirent tant de couchants aux couchants ajoutés,
Rêvaient, tant le mirage était inusité,
Que leurs frères partis avec les caravelles
Étaient entrés vivants et pour jamais dans le Soleil !

Est-il donné, Seigneur, à ceux qui souffrent, de connaître
Des secrets que la terre aurait gardés encor,
Des féeries vierges, des exils où renaître,
Des mines de pensées intactes dans leurs ors,
Des azurs dévoilés pour calmer l'amertume,
Des routes de splendeurs parmi toutes les brumes,
Afin que l'âme aussi meure en El Dorado?
Vous savez bien, Seigneur, que l'âme impatiente,
Rivée au vil anneau de douleur et d'ennui,
N'attend qu'un geste clair flamboyant dans la nuit
Pour s'en aller, avec ses trop fragiles ailes,
Vers l'infini clément au vol des caravelles
Où cherchent le bonheur au-delà du soleil!
Quel glaive, aux mains de quel archange, fera luire
Sur l'océan de doute et l'océan d'espoir
Le feu pur unissant dans un même délire
La prière de l'aube et l'oraison du soir,
Afin que l'âme enfuie aux pays des merveilles
Connaisse l'arc en ciel et se console enfin
— Si notre terre, hélas! n'offre plus l'Aventure,
Seigneur, en la rêvant ainsi que vous — future?

Camille Mauclair

DESSIN DE M. ANTONIO DE LA GANDARA

L'AVENTURE

Au long des môles où dormait le soleil
Devant les voiles des caravelles fatiguées,
Parmi l'odeur marine et les rumeurs du port,
Au long des estacades et des quais,
Ils songeaient, désœuvrés, en écoutant leur sang
Qui demandait l'Aventure, sourdement,
Et les soirs descendaient après les soirs sur leurs songes.

Le corselet rouillé sous la cape trouée,
La plume de l'armet ou du feutre pendante,
L'éclair noir du regard, l'éclair blanc de l'épée
Confrontant leurs énergies inoccupées,
Ils rêvaient, pauvres, insatisfaits de la vie morne
Que le repos décrète aux âmes des soldats
Et s'asseyaient nonchalamment sur quelque borne
Quittant les dés et les verres, d'un geste las,
Regardant seulement là-bas,
Là-bas où le vin d'or des grands couchants ruisselle
Et déverse les luxes, les hasards et les espoirs.

Tant de jours pareils aux jours, sans épopées!
L'éclair noir du regard, n'osant chercher l'épée
Engourdie comme l'âme et comme elle inutile,
Se détournait des seuils somnolents de la ville
Et contemplait la mer tenacement.

« Partir! là-bas on dit que la lumière est fabuleuse
Sur les palmes, l'or, les pierreries, la chair!
Il faut aller si loin que le cœur croie mourir
En voyant que la terre est plus vaste que lui,
Il faut aller si loin pour la nouvelle vie
Que la réalité soit déjà la légende
Quand ceux qui resteront l'auront connue si grande...
Partir! l'Inde mûrit des trésors inconnus
Sous l'amoncellement des montagnes premières,
Les fêtes des désirs chantent dans les lumières,
Le songe d'Orient s'égale à l'infini,
Les printemps éternels aux printemps sont unis,
La puissance et l'amour s'étirent comme un fauve
Attendant les dompteurs qui feront signe enfin,
Les empires des fleurs dorment dans les parfums,
Les archipels couchés contre les côtes bleues
Sourient comme la femme éveillée à demi,
Et le rêve est moins beau que ce qu'ils ont promis!
Partir, avec la vague et les oiseaux, partir!
Poursuivre, dans un soir chaleureux de désirs,
L'astre qui va là-bas dans un sillage d'or
Refaire avec nos nuits une nouvelle aurore! »
Pourtant, l'exil est vaste, et les voiles sont frêles.
L'usure du flot vert ronge les caravelles,
L'anneau rouillé du port les tient jalousement
Et ce n'est pas encor ce soir, décidément...

Comme ils erraient, traînant leurs ombres sur les môles,
La griffe de l'ennui pesant à leur épaule

Plus que le vieux manteau qu'un souffle n'enflait plus,
Tâtant le dernier sol glissé dans leur ceinture
Et méditant de mordre à même l'Aventure,
Soldats de la Fortune et par elle quittés,
L'un d'eux, qu'El Dorado ne cessa de hanter,
Leva soudain sur l'horizon sa lame claire,
Et le dernier rayon par elle reflété
Fit dans le crépuscule un grand trait de clarté
Qui, par dessus les Océans, joignait deux mondes!

L'âme du Portugal saisit l'âme de l'Inde,
Et les routiers hautains, devenus matelots,
Une brise de gloire émouvant leurs narines,
Dans l'enchantement bleu des aurores marines
Suivirent le chemin nouveau
Que désignait l'Épée unie à l'Orient!

Palmes hautes! Oiseaux géants! Pagnes, calices,
Chanson mystérieuse, odeur tiède, clarté!
Chair de bronze et prunelles d'or, immense Été,
Fête au milieu des mers, jardins de volupté,
Empires, dômes blancs, dieux sous l'azur, merveilles!
Délires du Tropique aux nuits folles et bleues,
Promontoires en fleurs entrevus dans les veilles,
Orient, Orient, pressant toutes les treilles
Dans l'âme fiévreuse et pauvre des chercheurs!...
Ceux qui restaient, songeurs, sur les grèves natales,
Devant tant de couchants aux couchants ajoutés,
Rêvaient, tant le mirage était inusité,
Que leurs frères partis avec les caravelles
Étaient entrés vivants et pour jamais dans le soleil!

Est-il donné, Seigneur, à ceux qui souffrent, de connaître
Des secrets que la terre aurait gardés encor,
Des féeries vierges, des exils où renaître,
Des mines de pensées intactes dans leurs ors,
Des azurs déroilés pour calmer l'amertume,
Des routes de splendeurs parmi toutes les brumes,
Afin que l'âme aussi meure en El Dorado?
Vous savez bien, Seigneur, que l'âme impatiente,
Rivée au vieil anneau de douleur et d'ennui,
N'attend qu'un geste clair flamboyant dans la nuit
Pour s'en aller, avec ses trop fragiles ailes,
Vers l'infini clément au vol des caravelles
Qui cherchent le bonheur au-delà du soleil!
Quel glaive, aux mains de quel archange, fera luire
Sur l'océan de doute et l'océan d'espoir
Le feu pur unissant dans un même délire
La prière de l'aube et l'oraison du soir,
Afin que l'âme, enfuie au pays des merveilles,
Connaisse l'arc-en-ciel et se console enfin
— Si notre terre hélas! n'offre plus l'Aventure,
Seigneur, en la rêvant ainsi que vous — future?

CAMILLE MAUCLAIR.

À la gloire de Vasco de Gama.

Au moment où la mort saisit avec tant de cruauté mon pauvre père Alphonse Daudet, il allait, selon sa promesse à madame Adam, sa grande et chère amie, consacrer quelques lignes au centenaire de Vasco de Gama.

Ce qu'il eût dit, je ne puis sans doute qu'imparfaitement l'imaginer. Mais je suis certain qu'il eût profité d'une si noble occasion pour exalter le patriote et le héros de l'Aventure, pour saluer aussi, en quelques phrases ailées et chantantes, cet admirable petit pays de Portugal, riche en poètes et en guerriers, et qui veille résolument à la pointe de l'Europe, mâle visage tourné vers le large, vers l'Inconnu.

Cette situation privilégiée, don de la Providence et une ardente fièvre nationale ont créé le navigateur Vasco de Gama, conquérant de l'Inde, aussi bien que brave, son chantre magnifique Camoens, dont les "Lusiades" nous apparaissent comme un drapeau claquant au sommet d'un phare, un simple artiste tel que le "Matelot Portugais" où s'incarne l'esprit de toute une race.

Aux yeux de mon père, je le sais, comme aux yeux de madame Adam, une semblable trilogie représente ce qu'il y a d'immortel dans notre petite et brève humanité.

12 fév. 98.

Léon Daudet

AUTOGRAPHE DE M. VINCENT D'INDY

AUTOGRAPHE DE M. ALFRED BRUNEAU

Dessin de M. MAURICE ELIOT

Au seul souci de voyager
Outre une Inde splendide et trouble
— Ce salut va, le messager
Du temps, cap que ta poupe double

Comme sur quelque vergue bas
Plongeante avec la caravelle
Ecumait toujours en ébats
Un oiseau d'ivresse nouvelle

Qui criait monotonement
Sans que la barre ne varie
Un inutile gisement
Nuit, désespoir et pierrerie

Par son chant reflété jusqu'au
Sourire du pâle Vasco.

Stéphane Mallarmé

Au seul souci de voyager
Outre une Inde splendide et trouble
— Ce salut va, le messager
Du temps, cap que ta poupe double

Comme sur quelque vergue bas
Plongeante avec la caravelle
Ecumait toujours en ébats
Un oiseau d'ivresse nouvelle

Qui criait monotonement
Sans que la barre ne varie
Un inutile gisement
Nuit, désespoir et pierrerie

Par son chant reflété jusqu'au
Sourire du pâle Vasco

Stéphane Mallarmé

PRIÈRE AU DÉPART DE BELEM

PARMI les moines errants, innombrables à la fin du XVe siècle, beaucoup importaient d'Orient le souvenir gnostique. A leurs bouches sonnait l'écho des hérésies manichéennes. Les mêmes voix annonçaient l'existence des merveilles accumulées aux bords de l'Indus, du Gange, et les mystères du Temple, la légende d'Hiram sacrifié à la jalousie de Salomon dans la mer d'airain, le symbole déjà maçonnique de la Branche d'Acacia. Pendant les croisades, les penseurs avaient conquis l'idée d'une religion-mère, toute métaphysique, peu différente cependant des conceptions transformistes actuelles. Les croyances que propagèrent les Chevaliers du Temple, leurs spéculations asiatiques, le culte secret de l'Androgyne à tête animale représentant les humbles origines humaines, l'équilibre des forces mâles et femelles, actives et passives, n'étaient pas exclusifs à leur ordre frappé par Philippe le Bel. Professées devant le feu d'asile par le pèlerin à la barbe bourbeuse contant les fables du soleil, ces doctrines durent aussi parvenir jusque l'Estramadure de Portugal, jusqu'à l'âtre de la maison noble où Vasco da Gama préparait sa vie.

Ces histoires enchantaient les oreilles latines et castillanes, aiguisaient les espoirs de richesses et la curiosité des âmes. Dans son froc retenant les épines des haies, le moine apportait aussi l'odeur orientale de la myrrhe. Il baissait la voix avec la crainte des princes de l'Église défavorables à cette religion nouvelle confondant Baal, Ormuz, Moyse et Christ dans la même adoration verbale. Pour le clergé, esprit du Trône, il importait de ne pas admettre que sa foi était une simple fille des dogmes orientaux. Mais le pauvre moine déchaux, couvert d'une bure humide, portant aux regards l'ardeur de ses révoltes justifiées par le savoir acquis à lire les manuscrits des cloîtres, celui-là n'ignorait pas quelle vengeance il levait contre l'orgueil des évêques en annonçant la lumière orientale aux seigneurs des châteaux ruinés.

De cette date, en effet, surgissent, sur l'histoire, les malheurs de l'Église. Au siècle suivant, les réformistes vont conquérir l'âme du Nord, tenir, un moment, la France. Colomb affirmera l'hérésie de Galilée. Sa vraie foi, la foi savante, la foi de Moyse, du Christ, des Gnostiques, d'Arius et des Albigeois, commencera de vaincre l'astuce des princes ecclésiastiques enclins à maintenir la chrétienté dans la confiance naïve en leur seule excellence.

Vasco da Gama, Colomb vont prouver la sphéricité de la terre, son humble rôle astral, son égalité devant les myriades d'étoiles, poussière entre les poussières firmamentales. L'homme va devenir la simple cellule cérébrale de la planète. Ce ne sera plus pour son usage que le créateur aura installé l'éclairage du ciel, ni, pour le punir, que les Forces auront allumé le feu central de la Terre, ni, pour récompenser les bons ignorants, que les Rythmes auront déployé leurs vitesses lumineuses et messagères. Une autre science expliquera le Sepher Bereschit et les Écritures. La mort de Louis XVI sera celle aussi du bras séculier agissant pour les tribunaux de l'Inquisition. En vain le Napoléon de 1804 tentera-t-il, avec des mains sanglantes, de restaurer la puissance ignorante de Cœsar, la révolution se perpétuera. Elle se perpétue. La Vérité d'Orient gagne sur l'ombre occidentale. L'aube rougit les faîtes. Demain sera le Messie victorieux adorant Le Père retrouvé.

Cela, les moines du XVe siècle, comme la Chevalerie du Temple, le prédisaient, allant de chaumière en donjon. Eux-mêmes indiquèrent certainement la route à l'adolescence attentive de Vasco da Gama. Dans la chapelle de la Vierge où il passa la nuit précédant son départ, selon la coutume de ceux prêts à recevoir l'investiture de chevalerie, le jeune homme, instruit par eux, méditait sans doute la parenté mentale de Marie et de Maïa, l'illusion du monde, cette sœur d'Isis tenant aux bras l'enfant Horus, et qui fut, pour les religions, le symbole de la nature féconde dont l'aspect inspire aux races successives la découverte des Forces et des Lois.

Devant la lampe du sanctuaire, il dut prier ainsi :

Les lèvres dirent :

Je vous salue, Marie,

et son intelligence pensa :

— *Me voici devant vous, Immensité des apparences sensibles, astres, mers! Espoirs de continents nouveaux, forêts, cascades, grèves et sables, vous dont la contemplation engendre la connaissance des phénomènes naturels, des Forces et des Lois, de l'Ensemble des Forces, de l'Inconnu, Toi, Le Fils Spirituel!*

Pleine de grâces,

continuèrent les lèvres.

— *Oui,* médita l'Intelligence, *Marie, visage de l'Univers! Ses beautés remplissent votre face. L'océan est votre robe changeante ; et les profondeurs du ciel teignent l'odeur de votre voile. Les vents portent le souffle de votre parole. Vos yeux sont le scintillement des nuits pures.*

Le Seigneur est avec Vous,

— *Le brin d'herbe qui plie sous l'ascension de la bestiole, la goutte d'eau où naissent, aiment et meurent des myriades de monstres, dans l'espace d'un éclair, la tragédie des orages, les attractions passionnelles des êtres, les marches des peuples envahisseurs, les influences des climats qui rendent les nations nomades, cruelles, dévotes, industrieuses, pacifiques, riches et triomphantes; toutes les lois obscures qui tressaillent en votre visage, Marie, ce sont Lui-les-Forces, Lui-les-Causes, Lui-les-Justices, votre Fils-Dieu.*

Vous êtes bénie entre toutes les Femmes,

— *Aux yeux des amantes, si mon image humaine a tremblé, en se mirant, c'est qu'elle reconnut l'imitation, par leurs beautés, de votre Harmonie, Mère des Idées et des Formes, Marie, qui transparaissiez en chacune.*

Et Jésus, le fruit de Vos entrailles, est béni,

— *L'ivresse heureuse de mon âme bénit l'Idée des Forces née de votre aspect, Nature et Normes! Mon âme embrasse l'Univers, l'effet et la cause, dans un amour sans nom. Je me disperse aux confins des connaissances, je me contracte au cœur essentiel de la science entrevue. Et ce double mouvement de ma totale expansion, de ma plus vigoureuse crispation spirituelle, donne à cet instant de ma vie le délire de toutes joies.*

Sainte Marie, Mère de Dieu,

reprirent les lèvres.

— *Maïa Sainte! Aspect du Monde. Terre qui engendras les eaux, l'air, les plantes, les poissons, les reptiles, les quadrupèdes, les oiseaux, les hommes pour Le penser, et enfanter, de leurs cerveaux, l'idée de ton Créateur, de Dieu, ton Fils et ton Père, Marie, Mère de la Connaissance, Signe de ta Cause, Marie évidente et mystérieuse!*

Priez pour nous, pauvres pêcheurs...

— *Que les splendeurs de Votre Harmonie soutiennent la témérité de notre faiblesse, Marie! La peur des gouffres nous tentera. La chaleur des saisons nous détournera de la tempérance. Les parures des chétifs solliciteront l'avidité des marins. Nous envierons la richesse des puissants. Notre courroux châtiera les imprudences. Nous nous alanguirons peut-être dans les villes de fête, parmi les ribaudes, en exprimant au fond des coupes le jus des fruits nouveaux. Priez pour nous, Mère de Dieu, car nous affronterons bien des périls afin de soulever un des plis qui voilent votre sainte Face, Mère de Douleurs! Ecoutez. Voici les pénitents qui s'apprêtent à nous conduire, pieds nus, le cierge en main, jusque les caravelles; et les dix condamnés que l'on gracia pour compléter l'équipage blémissent en regrettant la mort plus prompte de l'échafaud. Nos parents pleurent, Mère du Christ! Nous allons voir saigner leurs larmes. Priez pour eux; priez pour nous. Nommez votre Fils, afin que l'espoir de joindre une connaissance à la connaissance du Verbe Saint rachète notre peine et notre honte.*

Maintenant et à l'heure de notre mort,

— *Marie! Que les vents de votre souffle enflent nos voiles favorables, et fassent glisser la proue des nefs. Ensuite, à l'heure de notre mort, reçois notre dépouille lassée, Mère de Douleurs. Active la désagrégation des formes. Alors, de nous, les forces renaîtront dans les couleurs de l'herbe, la vie des insectes, l'éclat des fleurs écloses sur nos tombeaux, ou le pullulement nacré des bêtes de la mer. Nous ne serons plus, et nous serons encore, Vierge Mère; affirmant et niant à la fois notre vie, dans le même temps, sous le même rapport, comme vous niez et affirmez à la fois ces deux contraires : Vierge, Mère, parce que vous promettez ainsi l'état futur de l'homme digne de percevoir la Pureté de l'Être, en dehors de ses modes transitoires d'affirmation et de négation; la Pureté de l'Être et du Verbe, ton Fils, Mère de Dieu!*

Ainsi soit-il,

achevèrent les lèvres.

— *Nous ne mourrons pas. Nous nous élargirons en Vous, Sainte Marie, Face de l'Univers. Nous participerons à votre Sainteté par l'Esprit qui conçut en vous la réalité du Verbe, Sainte Marie, Mère de Dieu.*

Il resta les bras en croix. L'aube bleuit les vitraux de la chapelle. Les voix des pieuses gens s'accrurent qui chantèrent les litanies. Le navigateur souriait à la mort probable.

Paul Adam

LE SONGE DE VASCO

Sommeille!...
Qu'un songe surhumain
T'émerveille,
Sommeille,
Vasco!... tu seras mon héros demain.
... Je t'apparais... Je suis ton amante éternelle.
Je suis la Gloire. Je suis celle
Qui berçe les vainqueurs la veille des combats.
... Rêve, Vasco!... Je te berce en mes bras,
Et je vais te montrer ta conquête là-bas!
. . . .
. . . .

Viens! — nous partons. Tes caravelles
Au vent tendent leurs ailes.
Viens! Nous allons au pays fabuleux,
A toutes voiles...
. . . .

Vois-tu déjà d'autres étoiles,
Un autre azur,... De nouveaux cieux?...
Vasco, vois-tu des mers nouvelles
Bondir en écumes rebelles
Sous ton navire aventureux?...
... Du vieux monde déjà la trace
Au loin s'efface...
- Avance encor!... franchis l'espace!...
.....Voici le monde merveilleux
Qu'avait pressenti ton génie...
Voici l'Inde sacrée, Immortelle, Infinie,
L'Inde, magicienne aux colliers de rubis,
Prête à te révéler ses trésors inouïs.
. . . .
. . . .

Ici Terre et Cieux
Sont des Dieux;
Les monts nébuleux,
Les flots bleus.
Dans le blond soleil,
Indra, Dieu vermeil,
Apparaît sans voiles.
Sous l'azur des nuits,
Des Dieux infinis
Sont dans les étoiles.

Les arbres rêveurs
Et les fleurs,
Les vents, les vapeurs,
Les senteurs
Jettent dans les airs,
Sèment sur les mers,
Le don qui féconde.
Le Lotus est dieu.
Son calice bleu
Fait germer le monde.

Dans les Paradis
Tout fleuris
Règnent les Houris,
Les Péris,
Loin des Djinns moroses;
Les riants esprits,
Les blondes Péris,
Mangeuses de roses.
. . . .
. . . .

— Le cap terrible nous arrête.
Adamastor, le noir géant
Veut t'écraser... C'est la tempête!
C'est l'abîme béant!
— « Place à ceux que je mène,
Aux héros de la race humaine!
Place à mes élus triomphants!
Sauvages éléments, place! Ouragans,
Arrière!
Flot, calme ta clameur!
Place à la race altière
Des grands hommes sans peur! »
— De ta voile qui se déchire,
Vasco, fais un drapeau! — Que ton navire,
Enfonçant l'éperon dans le flot révolté,
Creuse un sillon vers l'immortalité!
. . . .
. . . .

— Là, tu t'enivreras de mon sourire.
Là, du baiser divin à mes lèvres goûté,
Tu connaîtras, Vasco, la volupté.

SIMONE ARNAUD.

PORTRAIT DE M. LÉON BONNAT (par lui-même)

Dessin de M. J.-J. HENNER

DESSIN DE M[lle] LOUISE BRESLAU

Dessin de M. EDOUARD DETAILLE

Esquisse de M. J.-P. LAURENS

Dessin de M. CHARLES COTTET

SANGUINE DE M. JULES CHÉRET

Dessin de M. P.-A. DAGNAN-BOUVERET

Dessin de M. HENRY LEROLLE

Sanguine de M. ARMAND POINT

Dessin de M. MAURICE ELIOT

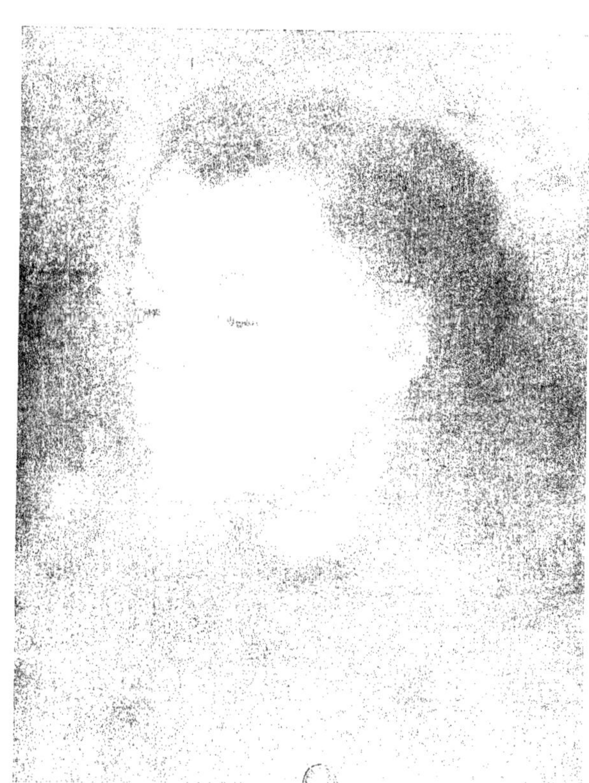

Dessin de M. EUGÈNE CARRIÈRE

Gaillard, Aillaud & Cie, Paris-Lisbon

Sanguine de M. PAULIN BORD

Portrait de M. LÉON BONNAT (par lui-même)

DESSIN DE M. J.-J. HENNER

DESSIN DE M. PUVIS DE CHAVANNES

Guillard, Aillaud & Cie, Paris-Lisboa

Dessin de M. HENRI MARTIN

Un acteur de drame
DESSIN DE M. J.-J. RAFFAËLLI

Dessin de M. GEORGES JEANNIOT

Le Songe de Vasco da Gama

Paroles
de Mme Simone ARNAUD

Musique
de M. BOURGAULT-DUCOUDRAY

GUILLARD, AILLAUD & Cie, ÉDITEURS. — PARIS

Rê_ve, Vas_co! je
p
Retenu et accentué
veil_le, sur toi! Tu se_ras mon hé_ros de_
poco cresc.
dim.
p e soutenu
_main! Rê_ve, Vas_co. som_meil_
a Tempo
mf
pp
mf
_le! Je t'ap_pa_rais! je suis ton a_mante é_ter_
poco più forte.
poco cresc.
poco f
faites vibrer
très doux
_nel_le! Je suis la Gloi_re. je suis
mf
M.G.
p
pp
p
faites vibrer

cresc.
cel - le Qui ber - ce les vain - queurs la veil - le des com - bats!
mf
sf
pp
Som - meil - le! som - meil - le, mon hé - ros!
dim.
poco cresc.
Je te berce en mes bras; Som - meil - le,
p
je te berce en mes bras. Et je vais te mon - trer ta con - quê - te là - bas!
Poco riten.
très doux et mystérieux
M.G.
Più riten.
ppp
long

Allegretto più animato. (La croche a un peu moins de valeur que dans la mesure précédente)

GUILLARD, AILLAUD & Cie, ÉDITEURS. — PARIS

Andantino
Extatique
Vois-tu dé-jà d'au-tres é-toi-les, Un autre a-zur, de nouveaux
Andantino
p
pp
cieux? Vois-tu, Vas-co, des mers nou-vel-les Sous ton na-vire a-ven-tu-
Animez un peu
suivez
mf
-reux? Du vieux mon-de dé-jà la tra-ce Au loin s'ef-fa-ce A-vance en-
sempre cresc. ed accelerando
sempre cresc. ed accelerando
-cor, franchis l'es-pa-ce! Voi-
Pressez beaucoup
ff
a Tempo
Pressez beaucoup
a Tempo
f cre-scen-do
ff

Larghetto

avec ampleur et bien soutenu

-ci le mou - - de mer - - veil - leux Qu'a - vait pressen - ti ton gé - ni - - - - - - e! Voi - ci

Religieux et soutenu

l'In - - - - de sa - - - cré - - - - e, im - mor - tel - - - le, in - fi - ni - - - - - - - e.

grandiose

Larghetto

pp M. G. *mf* *cresc.* *f* M. D. *sf p* M. G. *poco cresc.* *sf*

Ell_ _ _ _de ma_gi_ci_enne aux col_liers de ru_
louré
p
cresc.
sf
ff
_bis!
Pressez
f
Largement
Prête à te ré_vé_ler
a Tempo
mf
marqué
dim.
pp
ses trésors in_ou_is.
suivez
mf
dim.
p
Même mouvement (Cette mesure vaut 2 des mesures précédentes)
I_ci terre et cieux Sont des Dieux:
Même mouvement
pp
p

Les monts né_bu_leux, Les flots bleus.
cresc.
Au brû_lant so_leil Luit le Dieu ver_meil
radieux
La clar_té sans voi_les;
più forte
bien marqué
cresc.
très doux et mystérieux
Sous l'a_zur des nuits, Des Dieux in_fi_nis Sont dans les é_toi_les.
pp
poco cresc.
Poco rit.
mf
a Tempo
doux
Les ar_bres rê_veurs, Et les fleurs,
pp
p

Les vents, les sen_teurs. Les va_peurs
cresc.
Jet_tent dans les airs, Sè_ment sur les mers Le don qui fé_con_de.
mf
avec ampleur
f
Le lo_tus est Dieu, Son ca_li_ce bleu Fait ger_mer le mon_de.
mf
f
très doux
Dans les pa_ra_dis tout fleu_ris, Rè_gnent les Hou_ris, les Pé_ris,
Retenu
pp
suivez

Elargissez

très doux

Loin des Djins mo-ro-ses, Les ri-ants Es-prits, Les blon-des Pé-ris Man-geu-ses de ro-ses.

mf pp

Allegro ma non troppo

Allegro ma non troppo

p sf p sf

cresc. molto

très agité

cre-

Le Cap ter-ri-ble nous ar-rê-te, A-da-mas-

mf

- - scen - - do - sem - - pre - -
tor, le noir gé - ant Veut t'é - cra - ser! C'est la tem -
Pressez beaucoup
crescendo - - molto
- pête! Ah!
Pressez beaucoup
cre - - - - - scen - - - - - - - do. - - -
Ritenuto molto
ff
mol - - - - to. - - - - -
Larghetto
à pleine voix
avec puissance
Place à ceux que je mè - - - ne Aux hé -
mf
sf

-ros de la race hu-mai - - - - - ne!
Place à mes é-lus tri-om-phants! Sau-
-va - ges é-lé-ments, Pla - - ce! pla - - - -
- ce! Ou-ra-gans, ar-riè - - - - - - re!
sf
sf
sf
8

Flot, cal _ me ta cla _ meur!
Pla _ ce! Pla _ ce à la race al _
_ tiè _ re Des grands hommes sans peur!
De ta voi _ le qui se dé _ chi _ re Fais un dra _ peau, Vas _ co!

— que ton na - vi - - - - - re En - fon - çant l'é - pé - ron dans le flot ré - vol - - té ——— Creuse un ___ sil - lon vers l'Im - mor - ta - - - li - - té!

Élargi

suivez

Élargi

cresc. molto

Largo

Plus vite

8ª bassa

Reprenez peu à peu le Largo

dolciss.

Doux mais expressif et en dehors bien chanté

Très noble et très doux
Extrêmement soutenu
dim.
Là tu t'en - i - vre - ras de mon sou - ri - re!
p
8ª bassa
dim.
doux
Là du bai - ser di - vin à mes lè - vres goû - té,
cresc.
dim.
pp
très doux
infiniment doux
Tu con - nai - tras, Vas - co, la vo - lup - té!
poco cresc.
pp
pp
Diminuez de plus en plus
smorzando
pppp

Grandeur !

Vasco de Gama est le héros, qui, dans le passé, a fait rayonner le plus magnifiquement l'éclat de la grandeur humaine. Par lui, le règne sous lequel il a vécu est le plus grand règne de l'histoire de son pays. Par lui le chantre de ses actes, Camoëns, est le poète immortel que la postérité, pour laquelle il a écrit, ne cesse à son tour de chanter.

Fortune plus rare encore ! le grand navigateur a fait jaillir, du contact de l'Asie et du Portugal, une expression sublime de l'art, un style architectural, dont seules jusqu'alors les religions dotaient les peuples.

C'est en style manoëlique, c'est en caractères superbes et puissants que la gloire du Roi Emmanuel et celle de Vasco de Gama sont écrites.

Leur apothéose est fixée dans la pierre des cathédrales, des chapelles, des cloîtres, aux Jeronimos, à Batalha.

Des caravelles, des noeuds, des ancres, des cordages, des animaux, des fruits, des fleurs d'Asie, ornent les colonnes, les chapitaux, les voûtes, les arcades, rappelant aux Portugais l'orgueil de la découverte de la route maritime des Indes, qui ressuscite à la fin de chaque siècle d'enthousiastes célébrations.

Juliette Adam
Juliette Lamber

La Société de géographie de Lisbonne, préoccupée d'affirmer une fois de plus son patriotisme sans cesse en éveil, étudiait, depuis plusieurs années, le projet de célébrer le Quatrième Centenaire de la découverte de la route maritime des Indes.

Une Commission exécutive se forma en 1894 sous les auspices de la Société de géographie, dont le but fut de centraliser et de diriger tous les efforts qui pourraient être faits en vue de donner plus d'éclat à cette célébration. La commission nomma des délégations dans toutes les capitales.

La délégation portugaise à Paris, composée de

MM. le Dr ALVES DA VEIGA, *Président*
Vicomte DE WILDIK, *Secrétaire général*
J. MONTEIRO AILLAUD, *Trésorier*

MM. A. DA SILVA LISBOA	MM. CARDOZO DE BETHENCOURT
XAVIER DE CARVALHO	DOMINGOS GUIMARÃES
Dr. CISNEIROS FERREIRA	Dr. RAUL BENSAUDE

aussitôt nommée, se mit en rapport avec les personnalités françaises appartenant au monde des sciences, des lettres et des arts, qu'elle savait le plus sympathiques au Portugal.

Un comité français se groupa alors. Il résolut de donner la preuve de cette sympathie en publiant un album (1) dédié par la *Pensée française* à Vasco da Gama, et décida qu'une grande fête serait organisée à la Sorbonne et deviendrait la manifestation de la parenté de race et de sentiments de fraternité qui existent entre le Portugal et la France.

(1) Publié sous le patronage de S. M. la Reine Marie-Amélie de Portugal, cet album est vendu au profit de l'une des œuvres de la gracieuse souveraine : le dispensaire de Porto.

Comité Français du Centenaire

de

VASCO DA GAMA

Madame Juliette ADAM, présidente d'honneur

MM. JANSSEN, de l'Institut, directeur de l'Observatoire de Meudon, président.

Gabriel MARCEL, Conservateur à la Bibliothèque Nationale, vice-président de la Société de Géographie.
HERBETTE, Conseiller d'État.
} Vice-Présidents

MM. Le baron de BAYE.
Léon BONNAT, de l'Institut.
BOURGAULT-DUCOUDRAY, professeur au Conservatoire national de musique.
Paul BOURGET, de l'Académie française.
M. BRÉVIAIRE, directeur de la *Diplomatie*.
Le Marquis A. de CASTELLANE.
X. CHARMES, de l'Institut.
Le Marquis de CHASSELOUP-LAUBAT.
François COPPÉE, de l'Académie française.
H. CORDIER, professeur à l'École des Langues Orientales.
Léopold DELISLE, de l'Institut, administrateur de la Bibliothèque nationale.
Ed. DETAILLE, de l'Institut.
GIRARD de RIALLE, Ministre plénipotentiaire, directeur des Archives au Ministère des Affaires étrangères.
GRÉARD, de l'Académie française, vice-recteur de l'Académie de Paris.
Le Docteur HAMY, de l'Institut, professeur au Muséum d'histoire naturelle.
E. HERVÉ, de l'Académie française.
Le Baron HULOT, secrétaire général de la Société de Géographie.

MM. KERGALL.
L'Amiral Baron LAGÉ.
Jean-Paul LAURENS, de l'Institut.
LEFÈVRE-PONTALIS, de l'Institut.
E. LEVASSEUR, de l'Institut.
Pierre LOTI, de l'Académie française.
De MARCÈRE, sénateur.
MASPERO, de l'Institut.
Le Marquis de MASSA.
MASSENET, de l'Institut.
MISTRAL.
Le Comte Robert de MONTESQUIOU-FESENZAC.
E. MUNTZ.
G. PERROT, de l'Institut, directeur de l'École normale.
PUVIS de CHAVANNES, de l'Institut.
De RODAYS, directeur du *Figaro*.
C. SAINT-SAËNS, de l'Institut.
SULLY-PRUDHOMME, de l'Académie française.
TEXTOR de RAVISI, professeur à l'École des Langues Orientales.
VIDAL de la BLACHE, sous-directeur de l'École normale.

Achevé d'imprimer
par
DRAEGER, LE 20 AVRIL 1898

Clichés des Maisons
J. MAUGE,
ROUGERON VIGNEROT DESMOULIN & Cie

Composition typographique
de
GAUTHERIN